AF222022

Impressum
Verlag: BABADADA GmbH, Nedderfeld 112 , 22529 Hamburg
Geschäftsführer / Verlagsleitung: Harald Hof
Druck: Books on Demand GmbH, In de Tarpen 42, 22848 Norderstedt

Imprint
Publisher: BABADADA GmbH, Nedderfeld 112 , 22529 Hamburg, Germany
Managing Director / Publishing direction: Harald Hof
Print: Books on Demand GmbH, In de Tarpen 42, 22848 Norderstedt, Germany

مدرسه

escola

کلاس درس
sala de aulas
تقسیم کردن
dividir
186/2
تخته
quadro
pátio da escola
معلم
professor
کاغذ
papel
نوشتن
escrever
خودکار
caneta
میز تحریر
escrivaninha
خط کش
régua
کتاب
livro
دانش آموز
aluno

کیف مدرسه

sacola

جامدادی

estojo de lápis

مداد

lápis

تراش

apontador de lápis

پاک کن

borracha

دفتر رسم

bloco de desenho

2

طراحى

desenho

قلم مو

pincel

جعبه ى آبرنگ

estojo de tintas

قیچى

tesoura

چسب

cola

كتاب تمرين

livro de exercícios

تكلیف خانه

lição de casa

رقم

número

جمع كردن

somar

تفریق كردن

subtrair

ضرب كردن

multiplicar

محاسبه كردن

calcular

حرف الفبا

letra

الفبا

alfabeto

كلمه

palavra

متن

texto

خواندن

ler

گچ

giz

درس

hora

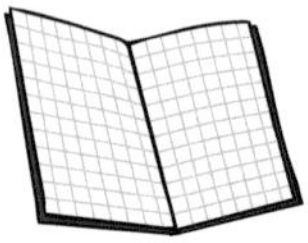

ثبت نام

registro da classe

امتحان

exame

مدرک رسمی

certificado

لباس مدرسه

uniforme escolar

تحصیلات

educação

دانشنامه

enciclopédia

دانشگاه

universidade

میکروسکوپ

microscópio

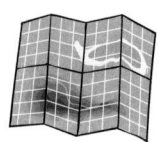

نقشه

mapa

سبد کاغذ باطله

cesto de lixo

هتل
hotel
مسافرخانه
albergue
صرافی
casa de câmbio
چمدان
mala
اتومبیل
carro

زبان

idioma

بله / خیر

sim / não

اکی

ok

سلام

Olá

مترجم

tradutor

ممنون

obrigado

قیمت ... چه قدر است؟

quanto custa...?

من متوجه نمی شوم

eu não entendo

مشکل

problema

عصر بخیر! / شب بخیر!

boa noite!

صبح بخیر!

Bom dia!

شب بخیر!

Boa noite!

خدانگهدار

até logo

جهت

direção

بار سفر

bagagem

کیف

bolsa

کوله پشتی

mochila

مهمان

convidado

اتاق

quarto

کیسهٔ خواب

saco de dormir

خیمه

barraca

مرکز راهنمای گردشگران

informação turística

ساحل

praia

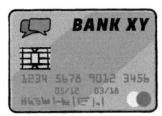

کارت اعتباری

cartão de crédito

صبحانه

café da manhã

نهار

almoço

شام

jantar

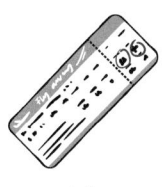

بلیط

bilhete

آسانسور

elevador

مهر

selo

مرز

fronteira

گمرک

alfândega

سفارتخانه

embaixada

ویزا

visto

گذرنامه

passaporte

حمل و نقل
transporte

هواپیما
avião
کشتی
navio
ماشین آتش نشانی
carro de bombeiros
اتوبوس
ônibus
کامیون
caminhão
قایق موتوری
barco a motor
دوچرخه
bicicleta
اتومبیل
carro

کشتی مسافربری
balsa

قایق
barco

موتورسیکلت
motocicleta

ماشین پلیس
veículo policial

ماشین مسابقه
carro de corrida

ماشین کرایه ای
carro de aluguel

به اشتراک گذاری اتوموبيل

compartilhamento de automóvel

جرثقيل

caminhão de reboque

ماشين حمل زباله

caminhão de lixo

موتور

motor

بنزين

combustível

پمپ بنزين

posto de gasolina

تابلو راهنمايی و رانندگی

placa de trânsito

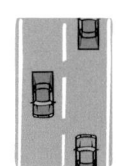

عبور و مرور

trânsito

ترافيک

trânsito lento

پارکينگ

estacionamento

ايستگاه قطار

estação de trem

ريل راه آهن

trilhos

قطار

trem

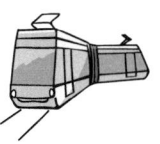

قطار برقی

bonde

واگن

vagão

هليكوپتر

helicóptero

فرودگاه

aeroporto

برج

torre

مسافر

passageiro

كانتينر

contêiner

كارتن

cartolina

گاری

carroça

سبد

cesto

به پرواز درآمدن / فرود آمدن

decolar / pousar

شهر

cidade

دهكده

vilarejo

مركز شهر

centro da cidade

خانه

casa

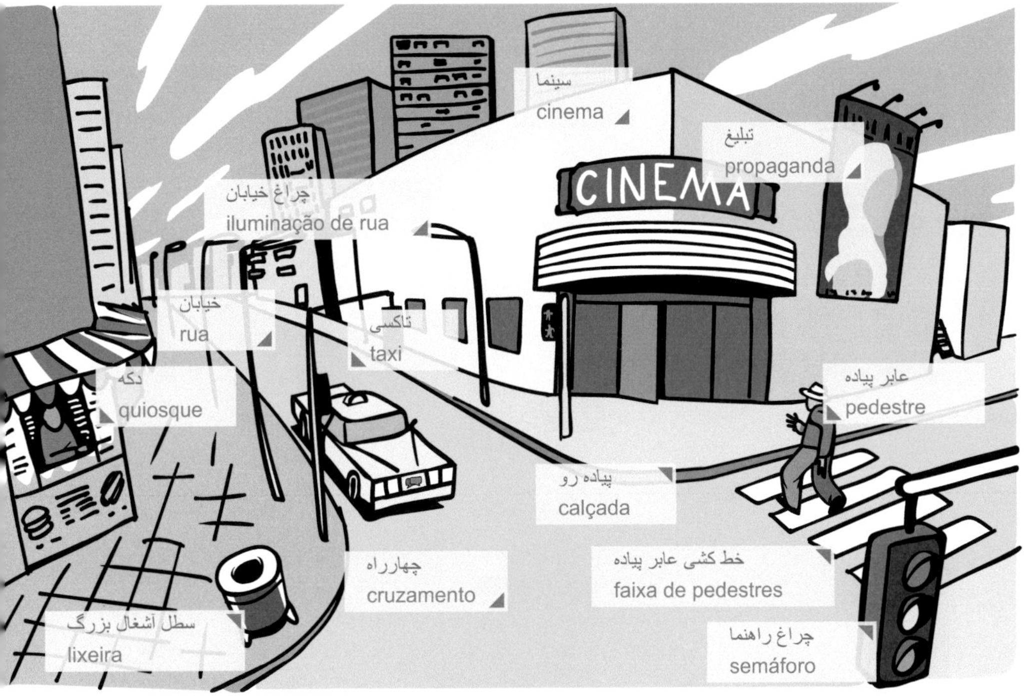

سینما
cinema
تبلیغ
propaganda
CINEMA
چراغ خیابان
iluminação de rua
خیابان
rua
تاکسی
taxi
دکه
quiosque
عابر پیاده
pedestre
پیاده رو
calçada
چهارراه
cruzamento
خط کشی عابر پیاده
faixa de pedestres
سطل آشغال بزرگ
lixeira
چراغ راهنما
semáforo

کلبه

cabana

آپارتمان

apartamento

ایستگاه قطار

estação de trem

ساختمان شهرداری

prefeitura

موزه

museu

مدرسه

escola

دانشگاه

universidade

بانک

banco

بیمارستان

hospital

هتل

hotel

داروخانه

farmácia

اداره

escritório

کتابفروشی

livraria

مغازه

loja

گل فروشی

floricultura

سوپرمارکت

supermercado

بازار

mercado

فروشگاه بزرگ

loja de departamentos

ماهی فروش

peixaria

مرکز خرید

centro comercial

بندر

porto

پارک

parque

نیمکت

banco

پل

ponte

پله

escadas

مترو

metrô

تونل

túnel

ایستگاه اتوبوس

ponto de ônibus

میخانه

bar

رستوران

restaurante

صندوق پست

caixa de correspondência

تابلوی خیابان

placa de rua

دستگاه پارکومتر

parquímetro

باغ وحش

zoológico

استخر شنای عمومی

piscina

مسجد

mesquita

مزرعه

fazenda

آلودگی محیط زیست

poluição

قبرستان

cemitério

کلیسا

igreja

زمین بازی

parquinho

معبد

templo

چشم انداز

paisagem

برگ
folha

تابلوی راهنمای مسیر
placa de sinalização

راه
caminho

چمنزار
gramado

سنگ
pedra

درخت
árvore

راه نورد
caminhantes

رودخانه
rio

چمن
grama

گل
flor

دره

vale

تپه

montanha

دریاچه

lago

جنگل

floresta

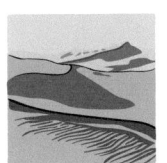

بیابان

deserto

کوه آتشفشان

vulcão

قلعه

castelo

رنگین کمان

arco-íris

قارچ

cogumelo

درخت نخل

palmeira

پشه

mosquito

مگس

mosca

مورچه

formiga

زنبور

abelha

عنکبوت

aranha

سوسک

besouro

قورباغه

sapo

سنجاب

esquilo

جوجه تيغى

ouriço

خرگوش صحرایی

lebre

جغد

coruja

پرنده

pássaro

قو

cisne

گراز

javali

گوزن نر

veado

گوزن شمالی

alce

سد آب

barragem

توربین بادی

aerogerador

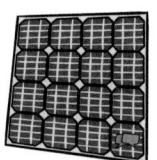

صفحه ی خورشیدی

painel solar

آب و هوا

clima

رستوران

restaurante

garçom
منوی غذا
menu
صندلی
cadeira
سوپ
sopa
پیتزا
pizza
سرویس کارد و قاشق و چنگال
talheres
رومیزی
toalha de mesa

پیش‌غذا

....

entrada

غذای اصلی

....

prato principal

دسر

....

sobremesa

نوشیدنی ها

....

bebidas

غذا

....

comida

بطری

....

garrafa

فست فود

fastfood

اغذیه خیابانی

comida de rua

قوری

bule de chá

قندان

açucareiro

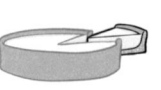

پُرس غذا

porção

دستگاه اسپرسو

máquina de expresso

صندلی پایه بلند غذاخوری بچه

cadeirão

صورتحساب

conta

سینی

bandeja

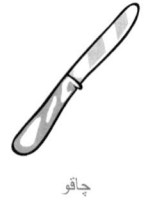

چاقو

faca

چنگال

garfo

قاشق

colher

قاشق چایخوری

colher de chá

دستمال سفره

guardanapo

لیوان

copo

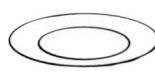

بشقاب
prato

بشقاب سوپخوری
prato de sopa

نعلبکی
pires

سس
molho

نمکدان
saleiro

فلفل ساب
moedor de pimenta

سرکه
vinagre

روغن خوراکی
óleo

ادویه جات
especiarias

سس کچاپ
ketchup

سس خردل
mostarda

سس مایونز
maionese

سوپرمارکت

supermercado

پیشنهاد ویژه
oferta especial
FOR
مشتری
cliente
لبنیات
laticínios
میوه جات
frutas
چرخ دستی خرید
carrinho de compras

قصابی

açougue

نانوایی

padaria

وزن کردن

pesar

سبزیجات

legumes

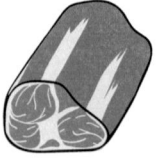

گوشت

carne

غذای منجمد

congelados

مخلوطی از انواع کالباس یا پنیر ک
ورقه ای بریده شده باشند

charcutaria

غذای کنسروی

conservas

پودر لباسشویی

detergente em pó

شیرینی جات

doces

لوازم خانگی

artigos domésticos

ماده شوینده و پاک کننده

produtos de limpeza

فروشنده

vendedora

صندوق پرداخت

caixa

صندوقدار

caixa

لیست خرید

lista de compras

ساعات کار

horário de funcionamento

کیف پول

carteira

کارت اعتباری

cartão de crédito

کیف

sacola

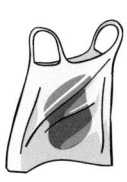

کیسه ی پلاستیکی

saco plástico

نوشیدنی ها

bebidas

آب

água

آبمیوه

suco

شیر

leite

نوشابه کوکاکولا

coca-cola

شراب

vinho

آبجو

cerveja

الکل

álcool

کاکائو

cacau

چای

chá

قهوه

café

قهوه اسپرسو

expresso

کاپوچینو

cappuccino

موز

banana

سیب

maçã

پرتقال

laranja

انواع هندوانه و خربزه

melão

لیمو

limão

هویج

cenoura

سیر

alho

نی بامبو

bambu

پیاز

cebola

قارچ

cogumelo

آجیل

nozes

ماکارونی

macarrão

اسپاگتی

espaguete

برنج

arroz

سالاد

salada

سیب زمینی سرخ کرده

batatas fritas

سیب زمینی سرخ شده

batatas frias

پیتزا

pizza

همبرگر

hambúrger

ساندویچ

sanduíche

شنیتسل

escalope

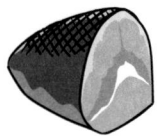

ژامبون خوک

presunto

سالامی

salame

سوسیس

salsicha

مرغ

galinha

نوعی گوشت سرخ شده

assado

ماهی

peixe

جوی پرک شده

flocos de aveia

نوعی صبحانه مخلوطی از برگه ذرت و
میوه های خشک شده و خشکبار که
معمولا با شیر خورده می شود

granola

کورنفلکس

flocos de milho

آرد

farinha

کرواسان

croissant

نان بروتشن

pãozinho

نان

pão

نان تست

torrada

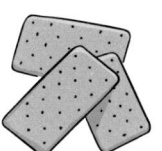

بیسکویت

biscoitos

کره

manteiga

کشک

requeijão

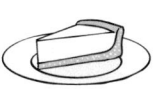

کیک

bolo

تخم مرغ

ovo

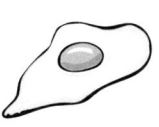

تخم مرغ نیمرو

ovo frito

پنیر

queijo

بستنى
sorvete

شكر
açúcar

عسل
mel

مربا
geleia

كرم شكلاتى بادامى
creme de avelãs

ادويه كارى
curry

مزرعه
fazenda

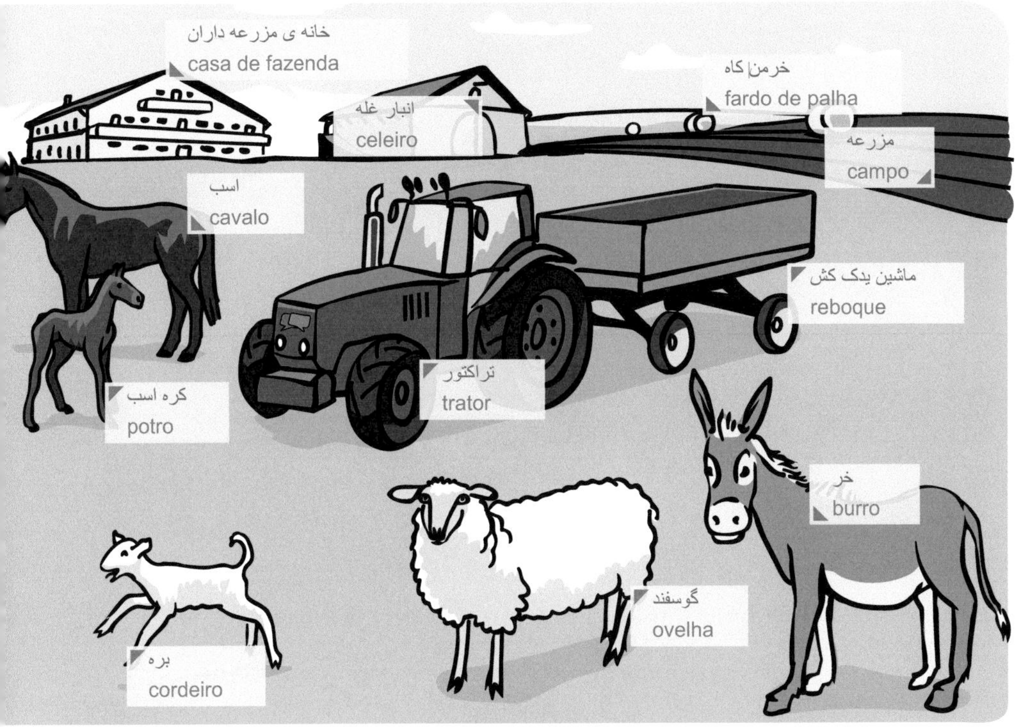

خانه ی مزرعه داران
casa de fazenda
خرمن|کاه
fardo de palha
انبار غله
celeiro
مزرعه
campo
اسب
cavalo
ماشین یدک کش
reboque
تراکتور
trator
کره اسب
potro
خر
burro
گوسفند
ovelha
بره
cordeiro

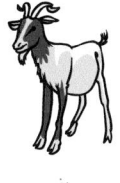

بز

cabra

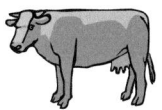

گاو ماده

vaca

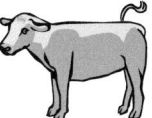

گوساله

bezerro

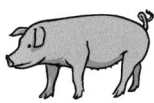

خوک

porco

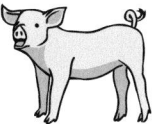

بچه خوک

leitão

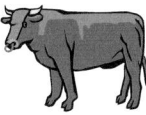

گاو نر

touro

غاز

ganso

اردک

pato

جوجه

pintinho

مرغ

galinha

خروس

galo

موش صحرایی

ratazana

گربه

gato

موش

camundongo

گاو نر اخته

boi

سگ

cachorro

لانه ی سگ

casinha do cachorro

شلنگ باغبانی

mangueira de jardim

آبپاش

regador

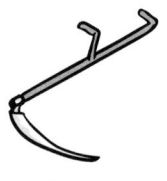

داس دسته بلند

foice

گاوآهن

arado

داس

foice

کج بیل

enxada

چنگک باغبانی

forquilha

تبر

machado

فرقون

carrinho de mão

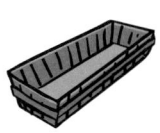

آبشخور

manjedoura

بطری نگهداری شیر

jarra de leite

کیسه

saco

حصار

cerca

اصطبل

estábulo

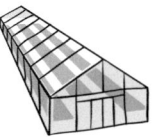

گلخانه

estufa

خاک

solo

بذر

semente

کود

fertilizante

ماشین کمباین

colheitadeira

برداشت کردن محصول

colher

محصول

colheita

تمیس

inhame

گندم

trigo

سویا

soja

سیب زمینی

batata

ذرت

milho

کلزا

colza

درخت میوه

árvore frutífera

گیاه مانیوک

mandioca

غلات

cereais

خانه

casa

دودکش
chaminé
پشت بام
telhado
ناودان
calhas de chuva
پنجره
janela
گاراژ
garagem
زنگ در
campainha da porta
در
porta
سطل آشغال
lata de lixo
صندوق مراسلات
caixa de correspondência
باغ
jardim

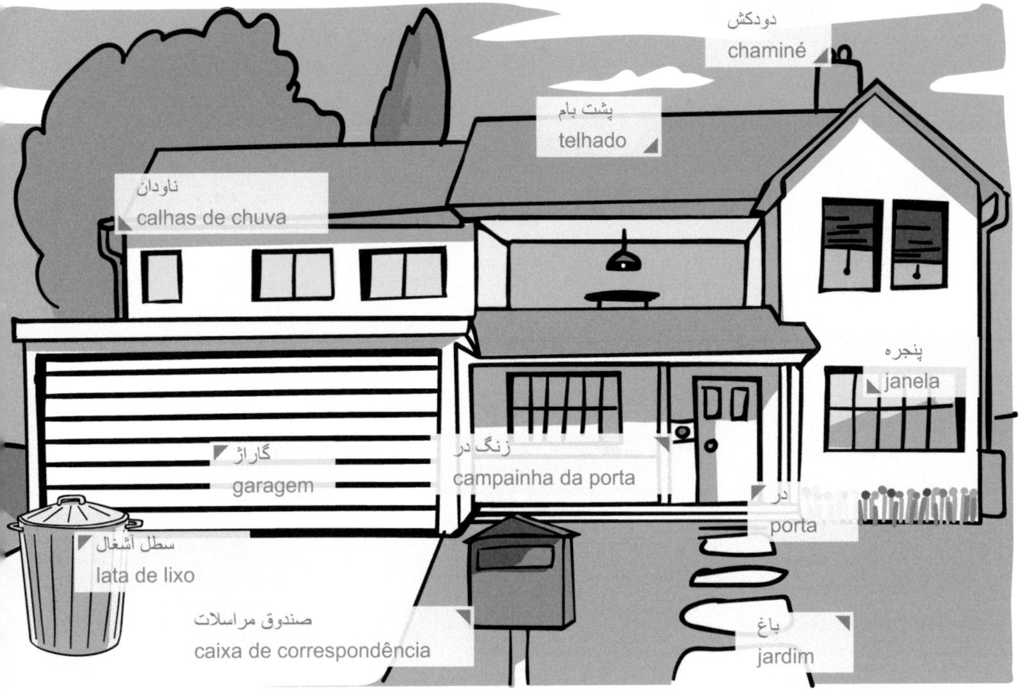

اتاق نشیمن

sala de estar

حمام

banheiro

آشپزخانه

cozinha

اتاق خواب

quarto de dormir

اتاق بچه

quarto de criança

ناهارخوری

sala de jantar

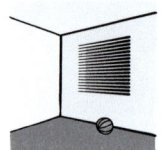

کف زمین

chão

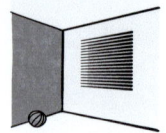

دیوار

parede

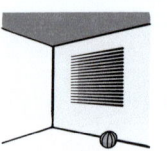

سقف

teto

زیرزمین

porão

سونا

sauna

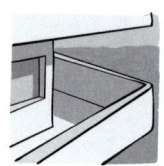

بالکن

varanda

تراس

terraço

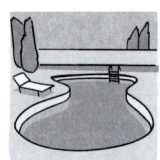

استخر

piscina

ماشین چمن‌زنی

cortador de grama

ملافه

lençol

روتختی

coberta

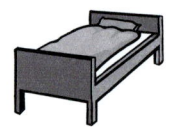

تخت خواب

cama

جارو

vassoura

سطل

balde

سویچ یا کلید

interruptor

اتاق نشیمن
sala de estar

عکس
quadro
لامپ
lâmpada
قفسه
prateleira
کابینت
armário
تلویزیون
televisão
شومینه
lareira
گل
flor
کوسن
travesseiro
کاناپه
sofá
گلدان
vaso
کنترل تلویزیون و ویدئو و غیره
controle remoto

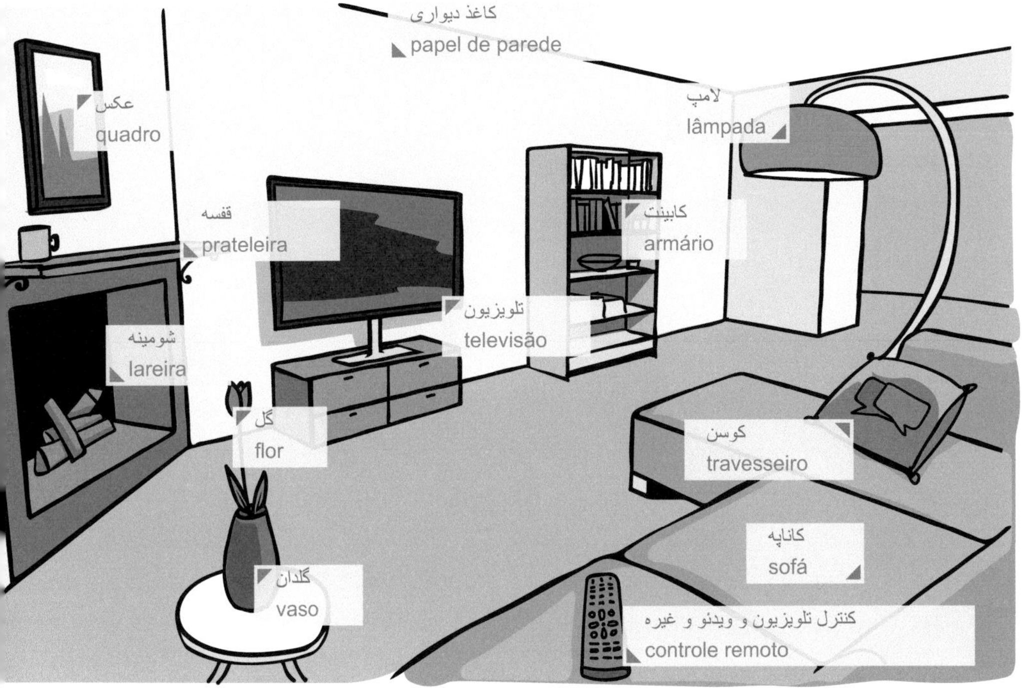

فرش
tapete

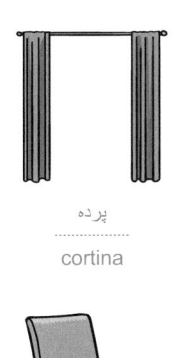

پرده
cortina

میز
mesa

صندلی
cadeira

صندلی گهواره ایی
cadeira de balanço

صندلی راحتی
poltrona

كتاب

livro

لحاف

cobertor

دكوراسيون

decoração

هيزم

lenha

فيلم

filme

دستگاه ضبط صوت

equipamento de som

كليد

chave

روزنامه

jornal

تابلو نقاشی

pintura

پوستر

pôster

راديو

rádio

دفترچه يادداشت

bloco de notas

جاروبرقی

aspirador

كاكتوس

cacto

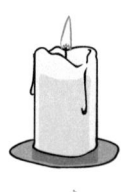

شمع

vela

آشپزخانه

cozinha

یخچال
geladeira
ماکروویو
microondas
balança de cozinha
تُستر
tostadeira
ماده شوینده و پاک کننده
detergente
فر خوراک پزی
forno
جایخی
freezer
سطل آشغال
lata de lixo
ماشین ظرفشویی
lava-louças

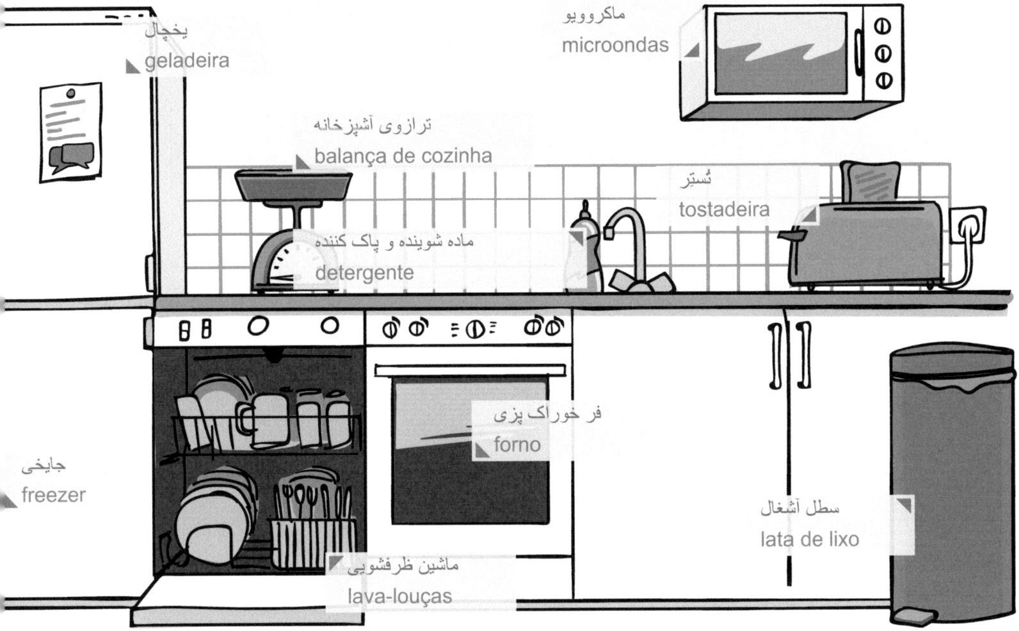

اجاق گاز

fogão

قابلمه

panela

قابلمه چدنی

panela de ferro

ماهی تابه گود

wok / kadai

ماهی تابه

frigideira

کتری

chaleira

بخارپز

panela a vapor

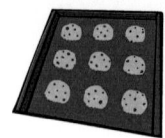

سینی فر

tabuleiro de forno

ظرف چینی آشپزخانه

louça

لیوان

caneca

کاسه

caçarola

چاپستیک

hashi

ملاقه

concha de sopa

کفگیر

espátula

همزن

batedor

آبکش

escorredor

آبکش

peneira

رنده

ralador

هاون

almofariz

باربیکیو

churrasqueira

محل مخصوص افروختن آتش

lareira

تخته گوشت و سبزی

tábua de cortar

وردنه

rolo da massa

در بطری بازکن

saca-rolhas

قوطی

lata

در قوطی بازکن

abridor de latas

دستگیره پارچه ای

pegador de panela

سینک ظرفشویی

pia

برس گردگیری

escova

اسفنج

esponja

مخلوط کن

liquidificador

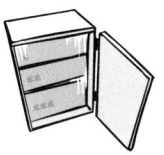

فریزر

congelador

شیشه شیر بچه

mamadeira

شیر آب

torneira

حمام

banheiro

دوش
ducha
بخاری
aquecimento
حوله
toalha
پرده ی حمام
cortina de chuveiro
حمام کف
banho de espuma
وان حمام
banheira
لیوان
copo
ماشین لباسشویی
lava-roupa
شیر آب
torneira
کاشی
azulejos
لگن دستشویی کودکان
penico
سینک ظرفشویی
pia

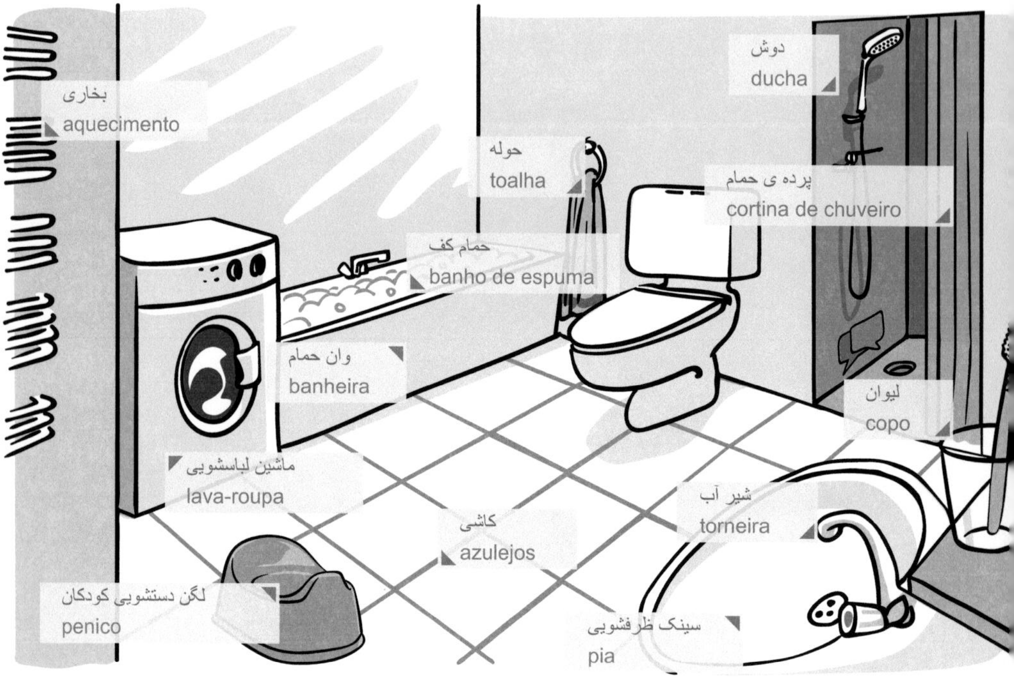

توالت

vaso sanitário

توالت ایرانی

lavabo de agachar

کاسه توالت

bidê

توالت مخصوص آقایان

mictório

دستمال توالت

papel higiênico

فرچه توالت

escova de privada

حمام - banheiro

مسواک

escova de dentes

خمیردندان

pasta de dentes

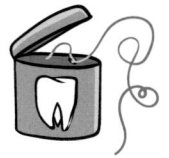

نخ دندان

fio dental

شستن

lavar

دوش آب تلفنی

ducha de mão

شلنگ توالت

ducha íntima

لگن روشویی

bacia

برس شست و شوی پشت

escova para as costas

صابون

sabonete

شامپو بدن

gel de banho

شامپو

xampu

لیف حمام

toalha de rosto

راه آب

escoamento

کرم

creme

اسپری دئودورانت

desodorante

آيينه

espelho

آيينه ى كوچک دستى

espelho de mão

تيغ ريش تراشى

barbeador

كف ريش‌تراشى

espuma de barbear

افترشيو

loção pós-barba

شانه ى سر

pente

برس

escova

سشوار

secador de cabelo

اسپرى مو

spray de cabelo

آرايش

maquiagem

رژلب

batom

لاک ناخن

esmalte de unhas

پنبه

algodão

قيچى ناخن

tesoura para unhas

عطر

perfume

كيف لوازم آرايشى و بهداشتى

nécessaire

چهارپايه

banquinho

ترازو

balança

حوله ى پالتويى

roupão de banho

دستكش ظرفشويى

luvas de borracha

تامپون

absorvente interno

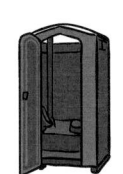

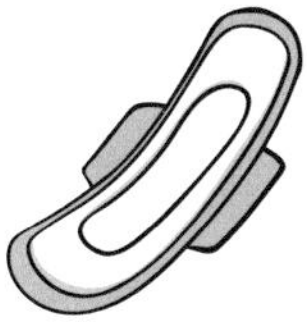

نوار بهداشتى

absorvente íntimo

توالت سيار

banheiro químico

اتاق بچه

quarto de criança

ساعت زنگدار
despertador
نوعی عروسک نرم به شکل حیوانات
boneco de pelúcia
ماشین اسباب بازی
carrinho de brinquedo
جغجغه
chacoalho
خانه ی عروسکی
casa de bonecas
کادو
presente

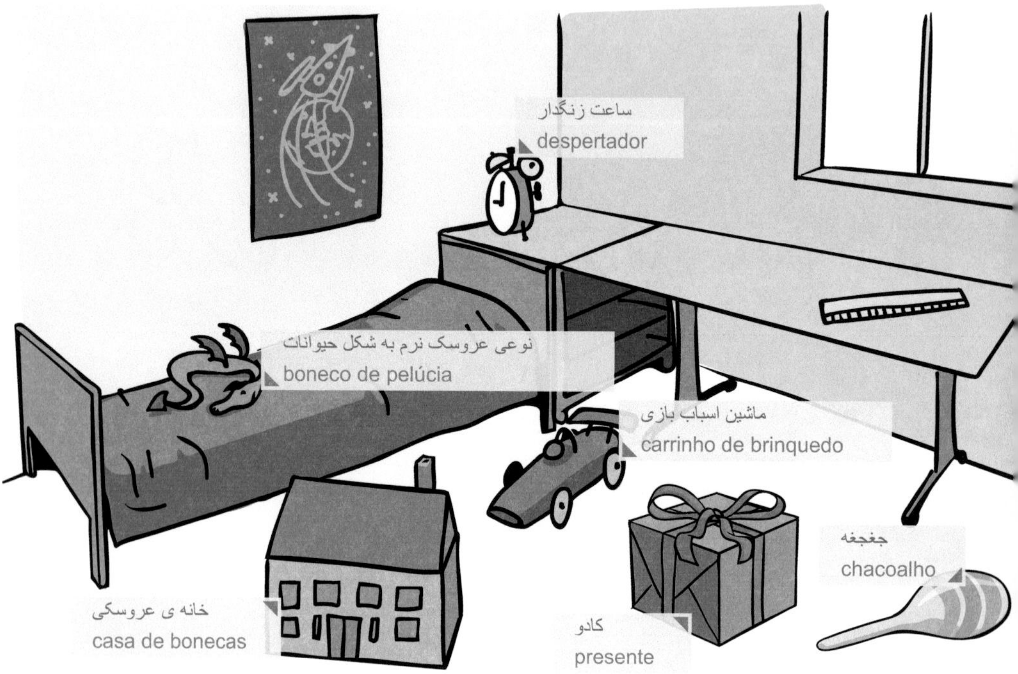

بادکنک
balão

تخت خواب
cama

کالسکه بچه
carrinho de bebê

بازی ورق
jogo de cartas

پازل
quebra-cabeças

داستان مصور
revista de quadrinhos

اسباب بازی لگو

peças de Lego

خانه سازی

blocos de construção

عروسک شخصیت های فیلم و کارتون

figura de ação

لباس نوزاد

macaquinho de bebê

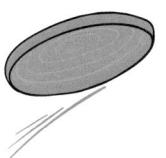

فریزبی

frisbee

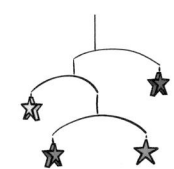

نوعی اسباب بازی که روی تخت نوزاد
یا کودک نصب می شود

móbile para bebé

بازی روی صفحه

jogo de tabuleiro

تاس

dados

قطار اسباب بازی

trenzinho elétrico

پستانک

chupeta

مهمانی

festa

کتاب مصور

livro ilustrado

توپ

bola

عروسک

boneca

بازی کردن

brincar

جعبه شنی مخصوص بازی کودکان

caixa de areia

تاب

balanço

اسباب بازی

brinquedos

کنسول بازی های کامپیوتری

videogame

سه چرخه

triciclo

خرس عروسکی

ursinho de pelúcia

کمد لباس

guarda-roupa

لباس

vestuário

جوراب

meias

جوراب زنانه ساق بلند

meias pelo joelho

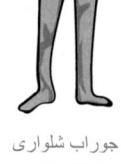

جوراب شلواری

meias-calças

شال
cachecol

كمربند
cinto

چتر
guarda-chuva

تی شرت
camiseta

كفش ورزشی كتانی
tênis

پوتین
botas

دمپایی
chinelos

صندل
....
sandálias

كفش
....
sapatos

چكمه پلاستیكی
....
botas de borracha

شرت
....
roupa de baixo

سوتین
....
sutiã

جلیقه
....
camiseta de baixo

بادی

body

شلوار

calças

جین

jeans

دامن

saia

بلوز

blusa

پیراهن

camisa

پولیور

pulôver

سویی شرت

suéter com capuz

نوعی کت

blazer

ژاکت

jaqueta

کت بلند

casaco

بارانی

gabardine

لباس نمایش

traje

لباس

vestido

لباس عروس

vestido de casamento

کت و شلوار

terno

لباس خواب زنانه

camisola

پیژامه

pijama

ساری

sari

روسری

lenço de cabeça

عمامه

turbante

برقع

burca

قبا

cafetã

عبا

abaya

لباس شنا

maiô

شرت شنا

sunga

شلوارک

shorts

لباس ورزشی

roupa de treino

پیشبند

avental

دستکش

luvas

دکمه

botão

عینک

óculos

دستبند

pulseira

گردنبند

colar

انگشتر

anel

گوشواره

brinco

کلاه لبه دار

boné

چوب لباسی

cabide

کلاه

chapéu

کراوات

gravata

زیپ

zíper

کلاه ایمنی

capacete

بند شلوار

suspensórios

لباس مدرسه

uniforme escolar

لباس فرم

uniforme

پیش بند بچه
....
babador

پستانک
....
chupeta

پوشک بچه
....
fralda

اداره

escritório

سرور
servidor
کمد نگهداری پرونده
armário de arquivos
چاپگر
impressora
کاغذ
papel
مانیتور
monitor
ماوس
mouse
میز تحریر
escrivaninha
زونکن
pasta
صفحه کلید
teclado
سبد کاغذ باطله
cesto de lixo
کامپیوتر
computador
صندلی
cadeira

لیوان قهوه
....
xícara de café

ماشین حساب
....
calculadora

اینترنت
....
internet

اداره - escritório

لپ تاپ

laptop

نامه

carta

پیغام

mensagem

تلفن همراه

celular

شبکه ی ارتباطی

rede

دستگاه فتوکپی

copiadora

نرم افزار

software

تلفن

telefone

پریز

tomada

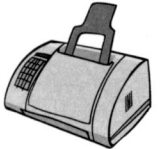

دستگاه فاکس

fax

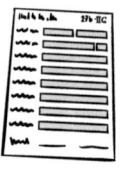

فرم

formulário

مدرک

documento

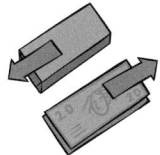

خریدن

comprar

پرداخت کردن

pagar

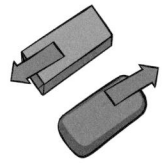

تجارت کردن

negociar

پول

dinheiro

دلار

Dólar

یورو

Euro

ین

Yen

روبل

rublo

فرانک سوئیس

franco suíço

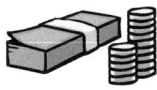

یوان رنمینبی

renminbi yuan

روپیه

rupia

دستگاه خودپرداز

caixa eletrônico

صرافی

casa de câmbio

طلا

ouro

نقره

prata

نفت

petróleo

انرژی

energia

قیمت

preço

قرارداد

contrato

مالیات

imposto

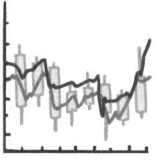

سهام سرمایه

ação

کار کردن

trabalhar

کارمند

empregado

کارفرما

empregador

کارخانه

fábrica

مغازه

loja

مشاغل

profissões

آتش نشان
bombeiro
مامور پلیس
policial
آشپز
cozinheiro
دکتر
médico
خلبان
piloto

باغبان

jardineiro

نجار

marceneiro

خیاط زنانه

costureira

قاضی

juiz

شیمیدان

químico

بازیگر

ator

راننده اتوبوس

motorista de ônibus

راننده تاکسی

motorista de táxi

ماهیگیر

pescador

نظافتچی زن

faxineira

سقف ساز

telhador

پیشخدمت رستوران

garçom

شکارچی

caçador

نقاش

pintor

نانوا

padeiro

برقکار

eletricista

کارگر ساختمانی

construtor

مهندس

engenheiro

قصاب

açougueiro

لوله کش

encanador

پستچی

carteiro

سرباز

soldado

معمار

arquiteto

صندوقدار

caixa

گل فروش

florista

آرایشگر

cabelereiro

مامور کنترل بلیط در قطار

condutor

مکانیک

mecânico

ناخدا

capitão

دندانپزشک

dentista

دانشمند

cientista

عالم یهودی

rabino

امام

imam

راهب

monge

کشیش

pastor

ابزارآلات

ferramentas

چکش
martelo
انبردست
alicate
پیچ گوشتی
chave de fenda
چراغ قوه
lanterna
آچار
chave inglesa

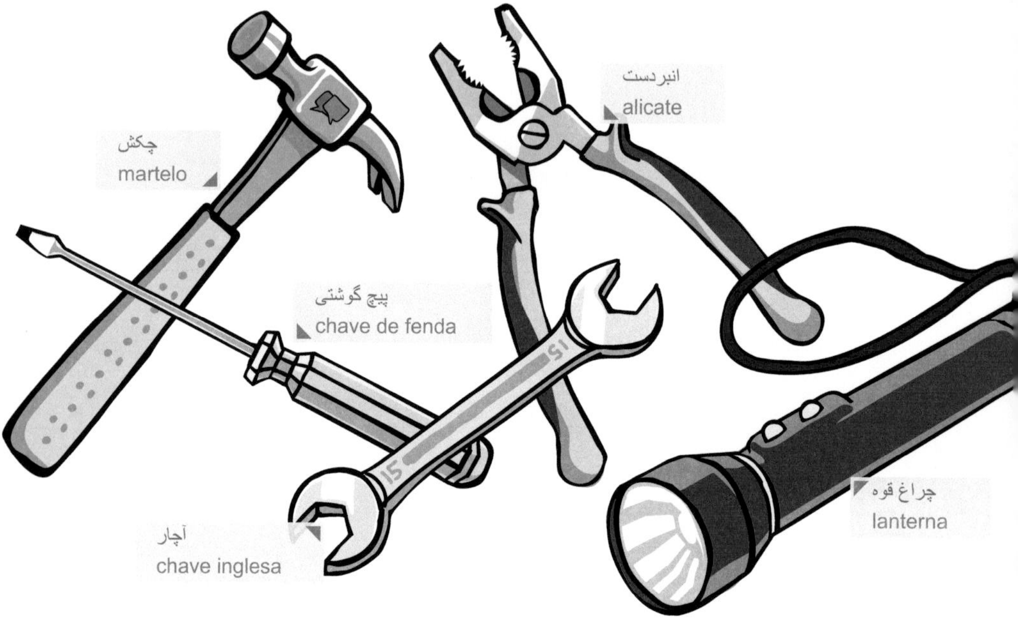

بیل مکانیکی

escavadora

جعبه ابزار

caixa de ferramentas

نردبان

escada de mão

ارّه

serra

میخ

pregos

مته

furadeira

تعمیر کردن

consertar

بیل

pá

لعنتی!

Droga!

خاک انداز

pá de lixo

سطل رنگرزی

pote de tinta

پیچ

parafusos

آلات موسیقی

instrumentos musicais

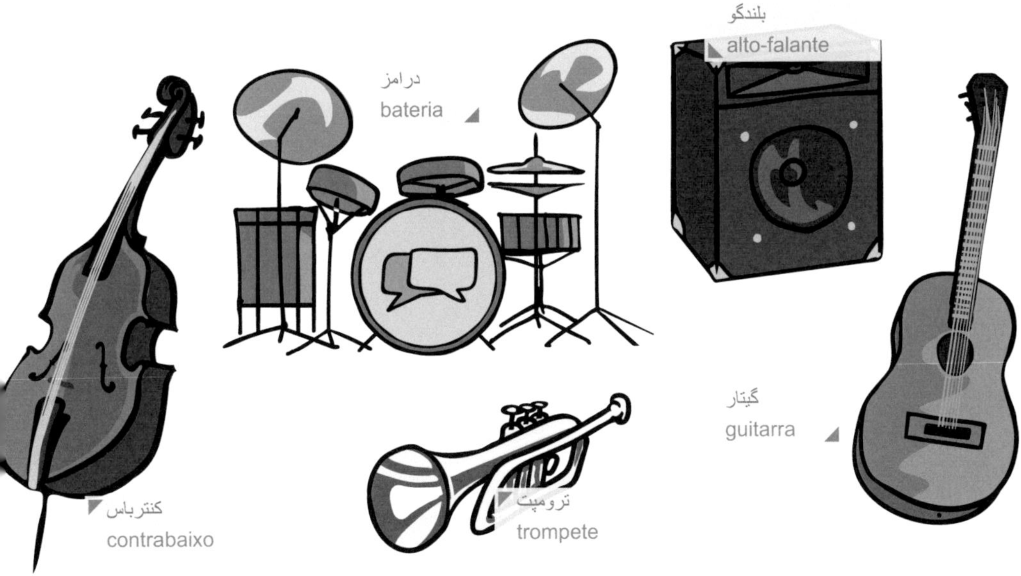

بلندگو
alto-falante

درامز
bateria

گیتار
guitarra

کنترباس
contrabaixo

ترومپت
trompete

پیانو

piano

ویولن

violino

گیتار بیس

baixo

تیمپانی

timbales

طبل

tambor

کیبورد الکتریک

teclado

ساکسیفون

saxofone

فلوت

flauta

میکروفون

microfone

باغ وحش

zoológico

ورودی
entrada
ببر
tigre
قفس
gaiola
گورخر
zebra
خوراک حیوانات
ração animal
خرس پاندا
panda

حیوانات

animais

فیل

elefante

کانگورو

canguru

کرگدن

rinoceronte

گوریل

gorila

خرس

urso

شتر

camelo

شترمرغ

avestruz

شیر

leão

میمون

macaco

فلامینگو

flamingo

طوطی

papagaio

خرس قطبی

urso polar

پنگوئن

pinguim

کوسه

tubarão

طاووس

pavão

مار

cobra

تمساح

crocodilo

نگهبان باغ وحش

guarda do zoológico

خوک آبی

foca

پلنگ امریکایی

jaguar

اسب کوچک

pônei

پلنگ

leopardo

اسب آبی

hipopótamo

زرافه

girafa

عقاب

águia

گراز

javali

ماهی

peixe

لاک پشت

tartaruga

شیرماهی

morsa

روباه

raposa

غزال

gazela

ورزش ها

esportes

فوتبال آمریکایی
futebol americano
دوچرخه سواری
ciclismo
تنیس
tênis
بسکتبال
basquete
شنا
natação
هاکی روی یخ
hóquei no gelo
بوکس
boxe

فوتبال

futebol

بدمینتون

badminton

دو و میدانی

atletismo

هندبال

handebol

اسکی

esqui

پولو

polo

فعالیت ها

atividades

خندیدن
rir
پریدن
pular
بغل کردن
abraçar
راه رفتن
andar
آواز خواندن
cantar
رؤیا دیدن
sonhar
دعا کردن
rezar
بوسیدن
beijar

نوشتن

escrever

رسم کردن

desenhar

نشان دادن

mostrar

هل دادن

empurrar

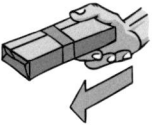

دادن

dar

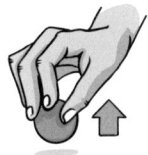

برداشتن

tomar

داشتن

ter

انجام دادن

fazer

بودن

ser

ایستادن

ficar de pé

دویدن

correr

کشیدن

puxar

پرتاب کردن

jogar

افتادن

cair

دراز کشیدن

deitar

منتظر بودن

esperar

حمل کردن

carregar

نشستن

sentar

لباس پوشیدن

vestir

خوابیدن

dormir

بیدار شدن

despertar

تماشا کردن

olhar para

گریه کردن

chorar

نوازش کردن

acariciar

شانه کردن

pentear

حرف زدن

falar

فهمیدن

entender

پرسیدن

perguntar

شنیدن

ouvir

آشامیدن

beber

خوردن

comer

مرتب کردن

arrumar

عاشق بودن

amar

پختن

cozinhar

رانندگی کردن

dirigir

پرواز کردن

voar

قایقرانی کردن

velejar

محاسبه کردن

calcular

خواندن

ler

یاد گرفتن

aprender

کار کردن

trabalhar

ازدواج کردن

casar

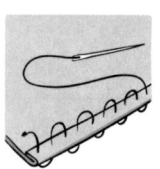

دوختن

costurar

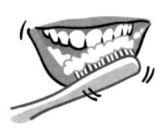

مسواک زدن

escovar os dentes

کشتن

matar

سیگار کشیدن

fumar

فرستادن

enviar

خانواده
família

مادربزرگ
avó
پدربزرگ
avô
پدر
pai
مادر
mãe
کودک
bebê
فرزند دختر
filha
فرزند پسر
filho

مهمان

convidado

خاله، عمه

tia

دایی، عمو

tio

برادر

irmão

خواهر

irmã

بدن
corpo

پیشانی
testa
چشم
olho
شانه
ombro
انگشت دست
dedo
صورت
rosto
چانه
queixo
دست
mão
سینه
peito
ساق پا
perna
بازو
braço

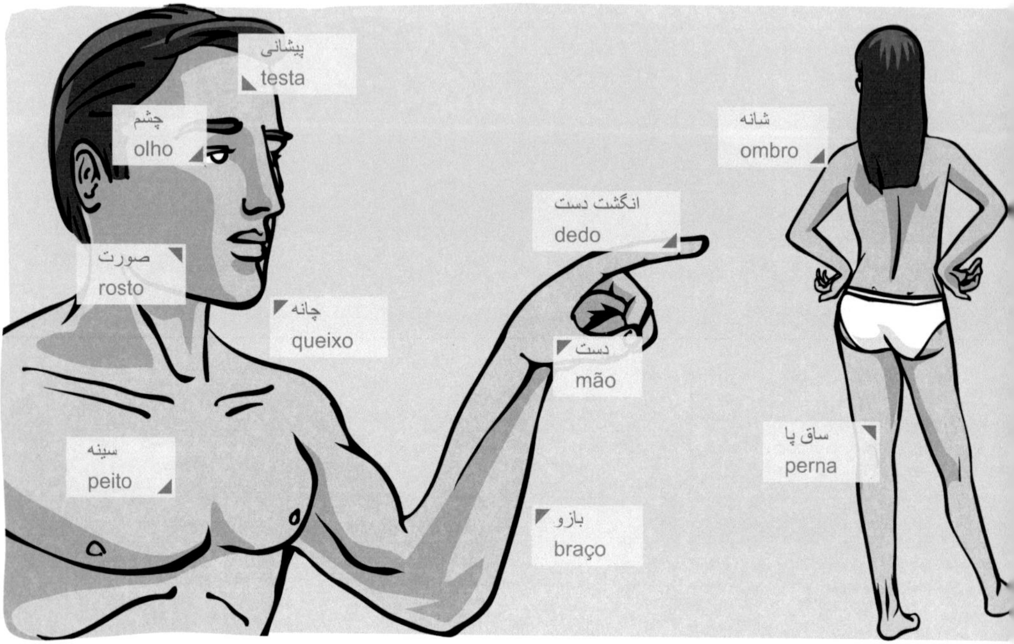

کودک

bebê

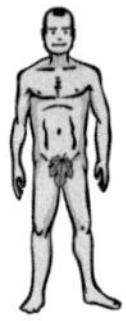

مرد

homem

زن

mulher

دختربچه

menina

پسربچه

menino

کله

cabeça

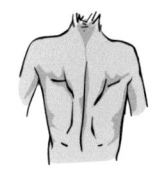

كمر

costas

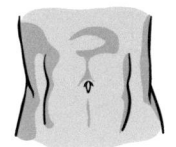

شکم

barriga

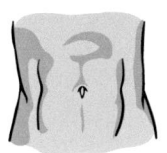

ناف

umbigo

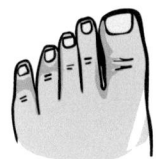

انگشت پا

dedo do pé

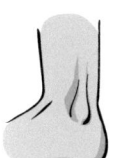

پاشنه

calcanhar

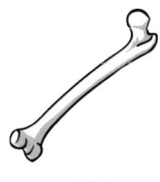

استخوان

osso

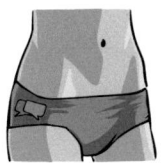

لگن

anca

زانو

joelho

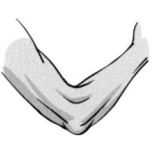

آرنج

cotovelo

بینی

nariz

نشیمنگاه

nádegas

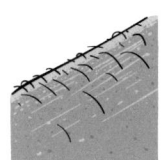

پوست

pele

گونه

bochecha

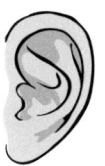

گوش

orelha

لب

lábio

دهان

boca

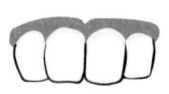

دندان

dente

زبان

língua

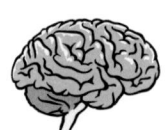

مغز

cérebro

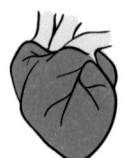

قلب

coração

عضله

músculo

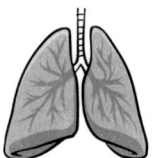

ريه

pulmão

كبد

fígado

معده

estômago

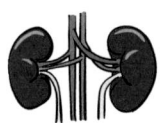

كليه

rins

آميزش جنسى

relações sexuais

كاندوم

preservativo

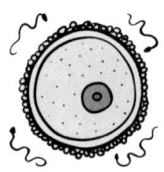

تخمک

óvulo

اسپرم

esperma

حاملگى

gravidez

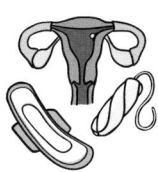

پریود

menstruação

واژن

vagina

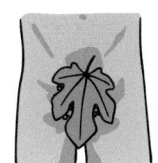

آلت تناسلی مرد

pênis

ابرو

sobrancelha

مو

cabelo

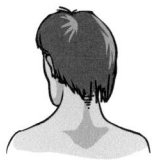

گردن

pescoço

بیمارستان

hospital

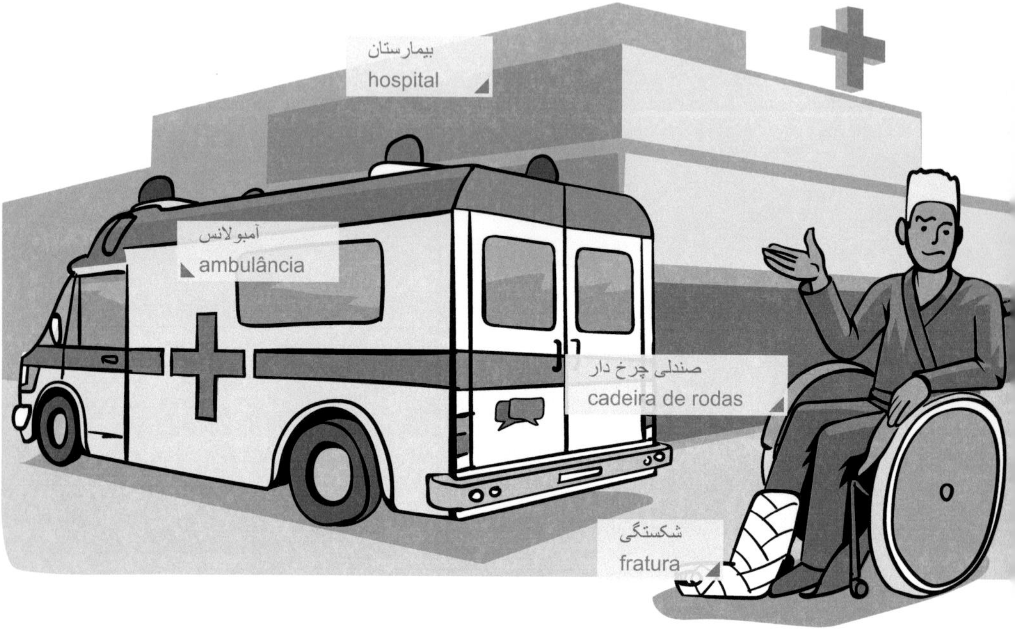

بیمارستان
hospital
آمبولانس
ambulância
صندلی چرخ دار
cadeira de rodas
شکستگی
fratura

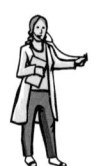

دکتر

médico

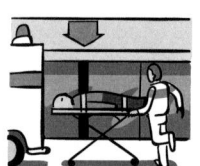

بخش اورژانس

pronto-socorro

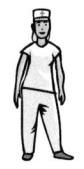

پرستار

enfermeira

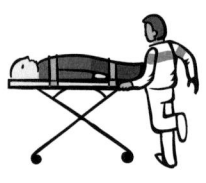

موقعیت اضطراری

emergência

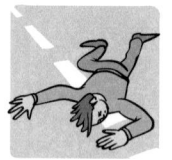

بی هوش

inconsciente

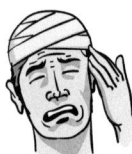

درد

dor

مصدومیت

ferimento

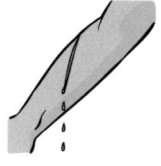

خونریزی

hemorragia

سکته قلبی

ataque cardíaco

سکته مغزی

acidente vacular cerebral

آلرژی

alergia

سرفه

tosse

تب

febre

أنفولانزا

gripe

اسهال

diarreia

سردرد

dor de cabeça

سرطان

câncer

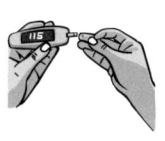

دیابت

diabetes

جراح

cirurgião

چاقوی جراحی

bisturi

عمل جراحی

operação

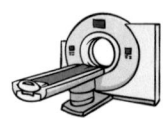

سی تی اسکن

CT

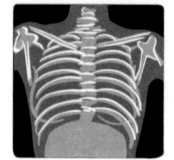

پرتونگاری

raio x

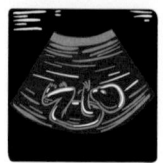

سونوگرافی

ultrassom

ماسک صورت

máscara

بیماری

doença

اتاق انتظار

sala de espera

چوب زیر بغل

muleta

چسب زخم

bandeide

پانسمان

ligadura

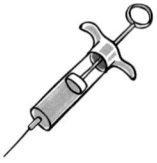

تزریق

injeção

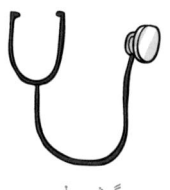

گوشی طبی

estetoscópio

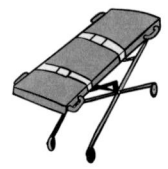

برانکار

maca

دماسنج

termômetro

زایش

nascimento

اضافه وزن

excesso de peso

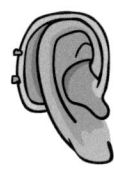

سمعک

aparelho auditivo

ماده ضد غفونی کننده

desinfetante

عفونت

infecção

ویروس

vírus

اچ أی وی / ایدز

HIV / AIDS

دارو

medicamento

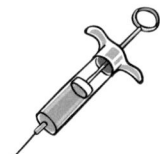

واکسیناسیون

vacinação

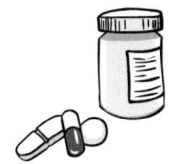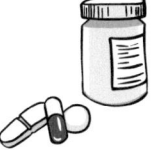

قرص

comprimidos

قرص ضد حاملگی

pílula

تماس اظطراری

chamada de emergência

دستگاه اندازه گیری فشارخون

dispositivo de medição de pressão arterial

مریض / سالم

doente / saudável

موقعیت اضطراری
emergência

کمک!

Socorro!

آژیر خطر

alarme

حمله

assalto

حمله ی فیزیکی

ataque

خطر

perigo

خروج اظطراری

saída de emergência

آتش

Fogo!

کپسول آتش‌نشانی

extintor de incêndios

تصادف

acidente

جعبه کمک های اولیه

maleta de primeiros socorros

درخواست کمک

SOS

پلیس

polícia

کره زمین

Terra

اروپا

Europa

آمریکای شمالی

América do Norte

آمریکای جنوبی

América do Sul

آفریقا

África

آسیا

Ásia

استرالیا

Austrália

اقیا نوس اطلس

Atlântico

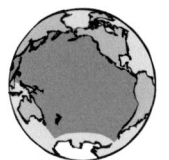

اقیانوس آرام

Pacífico

اقیانوس هند

Oceano Índico

اقیا نوس اطلس جنوبی

Oceano Antártico

اقیانوس منجمد شمالی

Oceano Ártico

قطب شمال

Polo Norte

قطب جنوب

Polo Sul

قاره قطب جنوب

Antártica

کره زمین

Terra

سرزمین

terra

دریا

mar

جزیره

ilha

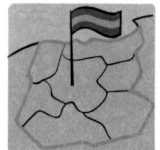

ملت

nação

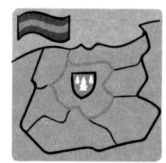

کشور

estado

ساعت

relógio

صفحه ی ساعت

....

mostrador do relógio

ساعت شمار

....

ponteiro das horas

دقیقه شمار

....

ponteiro dos minutos

ثانیه شمار

....

ponteiro dos segundos

ساعت چند است؟

....

Que horas são?

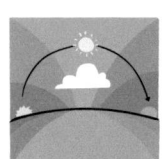

روز

....

dia

زمان

....

tempo

اکنون

....

agora

ساعت دیجیتال

....

relógio digital

دقیقه

....

minuto

ساعت

....

hora

هفته

semana

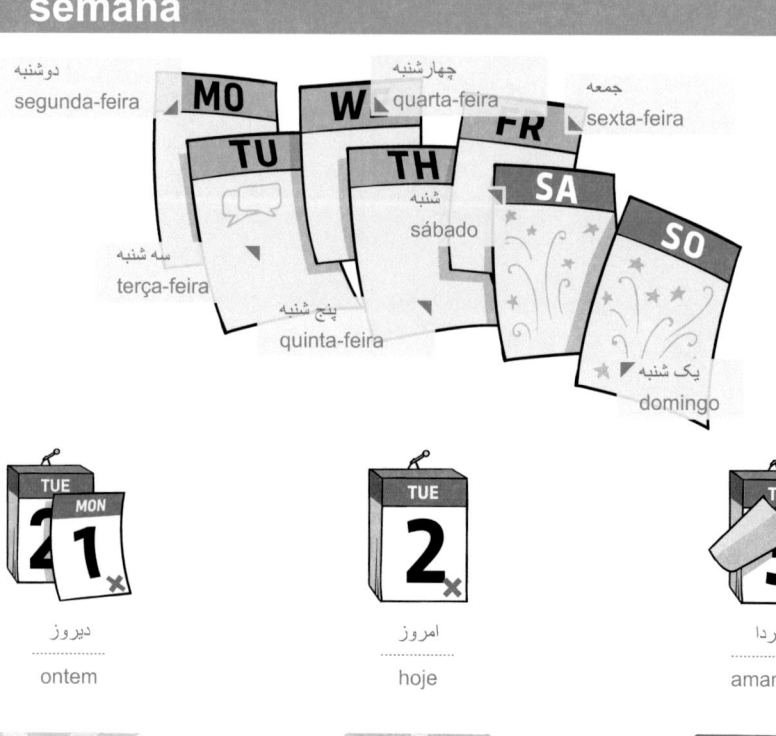

دوشنبه
segunda-feira

سه شنبه
terça-feira

چهارشنبه
quarta-feira

پنج شنبه
quinta-feira

جمعه
sexta-feira

شنبه
sábado

یک شنبه
domingo

دیروز
ontem

امروز
hoje

فردا
amanhã

صبح
manhã

ظهر
meio-dia

غروب
entardecer

روزهای کاری
dias úteis

آخر هفته
fim de semana

باران
chuva
رنگین کمان
arco-íris
باد
vento
برف
neve
بهار
primavera
پاییز
outono
تابستان
verão
زمستان
inverno

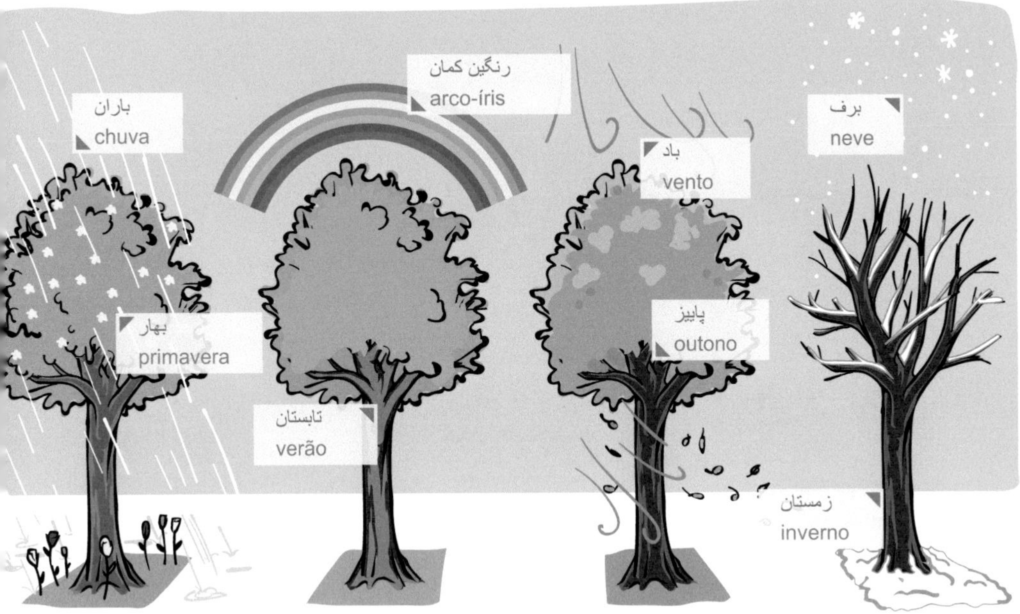

پیش‌بینی اوضاع جوی

previsão do tempo

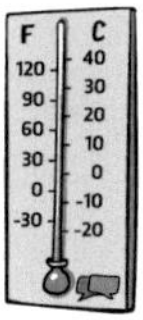

دماسنج

termômetro

تابش آفتاب

raio de sol

ابر

nuvem

مه

neblina / nevoeiro

رطوبت هوا

umidade do ar

صاعقه
....
relâmpago

أسمان غره
....
trovão

طوفان
....
tempestade

تگرگ
....
granizo

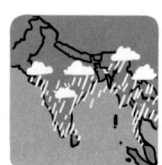

باد موسمی
....
monção

سیل
....
inundação

یخ
....
gelo

ژانویه
....
janeiro

فوریه
....
fevereiro

مارس
....
março

آوریل
....
abril

مه
....
maio

ژوئن
....
junho

ژوئیه
....
julho

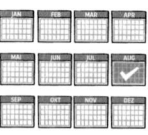

أگوست
....
agosto

سپتامبر

setembro

اكتبر

outubro

نوامبر

novembro

دسامبر

dezembro

اَشکال

formas

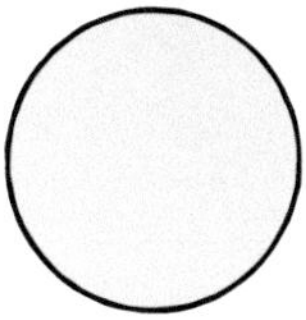

دایره

círculo

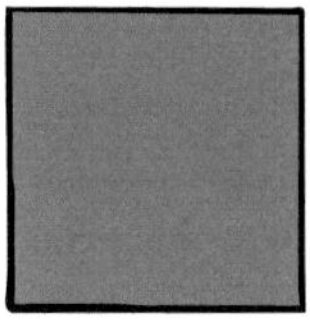

مربع

quadrado

مستطیل

retângulo

سه گوش

triângulo

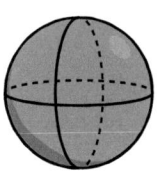

گره

esfera

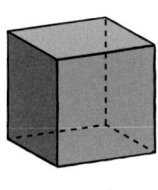

مكعب مربع

cubo

رنگ ها

cores

سفید

branco

زرد

amarelo

نارنجی

laranja

صورتی

rosa

قرمز

vermelho

بنفش

lilás

آبی

azul

سبز

verde

قهوه ای

marrom

خاکستری

cinza

سیاه

preto

متضاد ها

opostos

خیلی / کم

muito / pouco

خشمگین/ آرام

furioso / tranquilo

زیبا / زشت

lindo / feio

شروع / پایان

começo / fim

بزرگ / کوچک

grande / pequeno

روشن / تیره

claro / escuro

برادر / خواهر

irmão / irmã

تمیز / آلوده

limpo / sujo

کامل / ناقص

completo / incompleto

روز / شب

dia / noite

مرده / زنده

morto / vivo

پهن / باریک

largo / estreito

قابل خوردن / غیر قابل خوردن

comestível / não comestível

غضبناک / مهربان

mau / gentil

هیجان زده / بی حوصله

entusiasmado / entediado

چاق / لاغر

gordo / magro

اولین / آخرین

primeiro / último

دوست / دشمن

amigo / inimigo

پر / خالی

cheio / vazio

سفت / نرم

duro / macio

سنگین / سبک

pesado / leve

گرسنگی / تشنگی

fome / sede

مریض / سالم

doente / saudável

غیرقانونی / قانونی

ilegal / legal

باهوش / خنگ

inteligente / idiota

چپ / راست

esquerda / direita

نزدیک / دور

perto / longe

نو / استفاده شده

novo / usado

هیچ چیز / چیزی

nada / alguma coisa

پیر / جوان

velho / jovem

روشن / خاموش

ligado / desligado

باز / بسته

aberto / fechado

آهسته / بلند

baixo / alto

ثروتمند / فقیر

rico / pobre

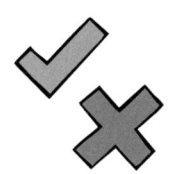

درست / غلط

certo / errado

زبر / صاف

áspero / liso

غمگین / خوشحال

triste / feliz

کوتاه / بلند

curto / longo

کند / تند

lento / rápido

تَر / خشک

molhado / seco

گرم / خنک

ameno / fresco

جنگ / صلح

guerra / paz

اعداد

números

0	1	2
صفر	یک	دو
zero	um	dois
3	4	5
سه	چهار	پنج
três	quatro	cinco
6	7	8
شش	هفت	هشت
seis	sete	oito
9	10	11
نه	دَه	یازده
nove	dez	onze

12

دوازده

doze

13

سیزده

treze

14

چهارده

quatorze

15

پانزده

quinze

16

شانزده

dezesseis

17

هفده

dezessete

18

هجده

dezoito

19

نوزده

dezenove

20

بیست

vinte

100

صد

cem

1.000

هزار

mil

1.000.000

میلیون

milhão

زبان ها

idiomas

انگلیسی

inglês

انگلیسی آمریکایی

inglês americano

چینی ماندارین

chinês mandarim

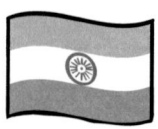

هندی

hindi

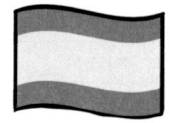

اسپانیایی

espanhol

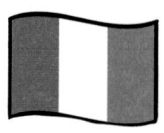

فرانسوی

francês

عربی

árabe

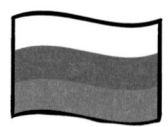

روسی

russo

پرتغالی

português

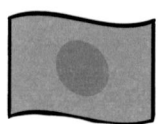

بنگالی

bengalês

آلمانی

alemão

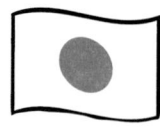

ژاپنی

japonês

چه کسی / چه چیزی / چگونه

quem / o quê / como

من

eu

تو

você

او

ele / ela

ما

nós

شما

vocês

آنها

eles / elas

چه کسی؟ کی؟

quem?

چی؟

O quê?

چگونه؟

como?

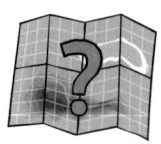

کجا؟

onde?

کی؟

Quando?

نام

nome

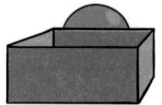

کجا

onde

پشت

atrás

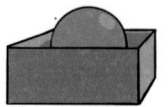

توی

em

جلو

na frente de

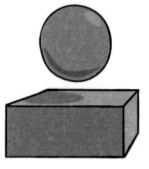

بالای

sobre

روی

em cima

زیر

debaixo

مجاور

do lado

بین

entre

مکان

lugar